AF369652

CATALOGUE

DE

TABLEAUX

Et Gravures, etc.

PROVENANT DE LA COLLECTION

DE

Charles Chincholle

Dont la Vente aura lieu

HOTEL DROUOT, Salle N° 9

Le Lundi 30 Janvier 1899

A TROIS HEURES PRÉCISES

COMMISSAIRE-PRISEUR	EXPERTS
M° CORBIE	**MM. BERNHEIM JEUNE**
11 bis, rue Montyon	*8, rue Laffitte*

EXPOSITION PUBLIQUE

Le Dimanche 29 Janvier 1899, de 2 heures à 6 heures.

CATALOGUE

DE

TABLEAUX

Et Gravures, etc.

PROVENANT DE LA COLLECTION

DE

Charles Chincholle

Dont la Vente aura lieu

HOTEL DROUOT, Salle N° 9

Le Lundi 30 Janvier 1899

A TROIS HEURES PRÉCISES

COMMISSAIRE-PRISEUR	EXPERTS
M° CORBIE	**MM. BERNHEIM JEUNE**
11 bis, rue Montyon	*8, rue Laffitte*

EXPOSITION PUBLIQUE

Le Dimanche 29 Janvier 1899, de 2 heures à 6 heures.

CONDITIONS DE LA VENTE

La vente se fera au comptant,

Les acquéreurs paieront, en sus des adjudications, *cinq centimes par franc.*

MM. Bᴇʀɴʜᴇɪᴍ jeune et fils se chargent des commissions des personnes qui ne pourraient assister à la vente.

A Monsieur *JULES ROCHE*, député,

Président de la Ligue des Contribuables.

———

Mon cher Maître,

Je me rends à vos sages conseils.

Devant les menaces fiscales, il est indispensable que les pères de famille aient plus que jamais le souci des intérêts dont ils sont responsables.

Je diminue mes frais de loyer.

Cela m'oblige par malheur à me dessaisir de nombre de tableaux et de gravures qui ne trouveraient place en mon nouvel appartement.

Le choix a été cruel.

Il y a eu de longs combats entre le cœur et la raison.

Je dois dire adieu à de vieux amis, au milieu desquels j'espérais vivre et écrire le dernier roman.

Qui ne perd chaque jour une illusion, une espérance ?

C. C.

TABLEAUX

BÉNASSIT

1 — Chevauchée de moines.
2 — Paysage.

HENRI BOUTET

3 — « Il fait froid. »

T. CHASSERIAU

4 — Ariane abandonnée. — Esquisse don-
née par lui à Lambert-Thiboust,
cataloguée par Aglaüs Bouvenne.

KARL DAUBIGNY

5 — A Villerville. — Paysage.
6 — En Hollande. — Marine.
7 — La Nuit.

CHARLES DONZEL

ANCIEN PROFESSEUR DU DUC D'ORLÉANS

8 — Paysage.

MARIUS ÉTIENNE

GUILLAUMET

GUILLEMET

CHARLES JACQUE

ÉMILE JACQUE

DE KNIFF

BÉDÉDICT MASSON

DANIÈLE MEURENT

LE MODÈLE DE MANET (OLYMPIA)

MOSLER

19 — A la Fontaine.

HENRI MOTTE

20 -- Annibal franchissant le Rhin. —
Esquisse de son grand tableau.

PELEZ

21 — Le Mendiant à l'orange.

PERTUISET

22 — Lion dans le désert.

EUGÈNE PETIT

23 — Roses coupées.
24 — Bouquet dans un vase.
25 — Chrysanthèmes.

JOHN PRADIER

FILS DU SCULPTEUR

26 — Le Fumeur.

THÉODORE ROUSSEAU

27 — Dessous de forêt.

TANOUX

28 — Le Bilan de la journée.

TÉNIERS

29 — Moine en prière. — Peint sur cuivre.

TROUILLEBERT

30 — Paysage.
31 — A Venise.

TROYON

32 — Esquisse de vache.

VOLLON

33 — Une Poire et deux Prunes.

VOS

34 — Tête de femme.

AQUARELLES, DESSINS GRAVURES, *etc.*

BÉNASSIT

35 — L'Absinthe. — Lithographie.

BLANCHARD

36 — Napoléon III, d'après Muller. — Burin.

ÉCOLE DE BOUCHER

37 — Étude de nu. — Pastel.

HENRI BOUTET

38 — La Mort de Chien-Caillou. — Dessin
d'après nature.

39 — La Chemise. — Pastel.

BROZIK

PEINTRE DE L'EMPEREUR D'AUTRICHE

40 — Le Portrait de l'artiste et trois dessins,
dans le même cadre.

CASENAVE

41 — Louis XVI allant monter à l'échafaud.
— D'après Benazet.

42 — Jugement de Marie-Antoinette.

DAUTREY

43 — La Moissonneuse, d'après Jules Breton.
— Eau-forte.

JULES DAVID

44 — Modes de 1830. — Aquarelle originale.
Très rare.

DECOURTIS

D'APRÈS SCHALL

45 — Paul et Virginie. — Gravure en couleurs.

EUGÈNE DUBOIS

46 — Les Funérailles de Gambetta. — Lithographie en couleurs.

GIACOMELLI

47 — Petits oiseaux. — Photogravure.

48 — Oiseaux sur la branche. — Photogravure,

GILBERT

D'APRÈS ROSA BONHEUR

49 — Le Cerf. — Eau-forte de la Société artistique de Londres.

50 — Une Famille de sangliers. — Eau-forte de la Société artistique de Londres. Nombre limité. Planche détruite.

HUBERT

51 — Honni soit qui mal y pense. — Burin.

CHARLES JACQUE

52 — Brebis et son agneau. — Dessin provenant de la vente posthume de l'artiste.

53 — Tête de coq. — Aquarelle.

54 — Deux porcs. — Aquarelle.

55 — Sous bois. — Une des dernières eaux-fortes de l'artiste, achetée à sa vente posthume. Lire sur la marge la note très curieuse qu'il y a mise.

56 — Moutons. — Eau-forte.

57 — Le Hameau. — Eau-forte.

58 — La Pêche au gardon. — Eau-forte.

59 — Le Repas. — Eau-forte.

60 — Le Cavalier. — Eau-forte.

61 — Troupeau à la lisière d'un bois. — Eau-forte pure, 1er état. 6 épreuves. Très rare.

62 — La Cruche cassée. — Eau-forte.

63 — La Rentrée des moutons. — Eau-forte.

64 — Troupeau de porcs sortant d'un bois. — Eau-forte.

65 — Le Soir. — Eau-forte.

66 — Une Femme donnant à manger à des porcs. — Eau-forte rare.

67 — Une Cour.

68 — La Truffière.

69 — Pifferari.

70 — La petite Forge.

71 — La Prière.

72 — Le Moulin, d'après Rembrandt.

73 — Intérieur de cour.

74 — Le Fumeur.

75 — L'Abreuvoir.

76 — Paysage d'hiver.

77 — Un Coin de ferme.

FRÉDÉRIC JACQUE

78 — L'Angélus, d'après Millet. — Épreuve de remarque.

JEAN LAUDIN

79 — La Vierge à l'Enfant-Jésus. — Émail.

LE RAT

80 — Le Portrait d'Alfred Delvau. — Eau-
forte. Épreuve d'état.

MANET

81 — Polichinelle. — Lithographie en couleurs.

R. MARGUERITTE

82 — La Sainte Famille, d'après Raphaël. —
Pointe-sèche, 1er état. Très rare.

ALPHONSE MASSON

83 — Le Portrait de Ribot. — Planche
appartenant à M. C. C.

D'APRÈS MEISSONIER

84 — Le Portrait d'Alexandre Dumas. —
Planche appartenant à M. C. C.

MIGNARD

85 — Mme de Montespan. — Gouache sur
parchemin.

F. MILLET

86 — A Granville. — Croquis relevé de gouache (Maison Goupil).

87 — La Bergère. — Eau-forte.

MITCHELL

88 — Le Nouvel Opéra. — 1er état. L'arbre a disparu sur les états suivants.

MOREAU

89 — La Vierge, d'après Raphaël. — Lithographie.

MOREAU LE JEUNE

90 — Le Bal masqué. — Épreuve achetée au Louvre.

PORTIER DE BEAULIEU

91 — L'Avenue de l'Impératrice, d'après Morin. — Burin.

PRADIER

92 — Le duc d'Orléans. — Médaillon en bronze.

T. RIBOT

93 — La Liseuse. — Aquarelle.

FÉLICIEN ROPS

94 — Les bas-fonds de la Société. — Eau-forte. État.

HENRY SOMM

95 — La Parisienne du XIXe siècle entrée trop tòt dans le XXe émerveillé. — Aquarelle.

TINCHART

96 — Dans le Parc. — Aquarelle.

VÉRITÉ

97 — La Journée du 20 Juin 92, d'après Bouillon.

98 — La séparation de Louis XVI d'avec sa famille, d'après Bouillon.

99 — Dévouement de Mme Élisabeth, d'après Bouillon.

100 — La séparation de Marie-Antoinette d'avec sa famille.